SingLiesel

3. Auflage

www.singliesel.de

Druck: FINIDR, Czech Republic
Printed in Czech Republic

ISBN 978-3-944360-54-6

Erinnern * Erkennen * Erleben

Günter Neidinger

Wer hat Dornröschen wachgeküsst?

Bekannte Märchen
zum Erraten und Vorlesen

Inhaltsverzeichnis

Anhang

Wer kennt …
… dieses Märchen?

Es waren einmal …

ein König,

eine Prinzessin,

ein Schloss,

eine Kutsche,

ein Paar Stiefel,

ein Zauberer,

eine Mühle,

ein Müller,

drei Söhne

und ein Kater.

Das Märchen heißt …

Der gestiefelte Kater

In einer Windmühle auf einem Hügel im großen Märchenwald lebte einst ein Müller. Als er starb, bekam der älteste Sohn die Mühle, der zweite den Esel und der jüngste den Kater.

„Was bin ich doch für ein Pechvogel!", jammerte der jüngste Sohn. „Was soll ich mit einem Kater anfangen?" Doch ganz so schlecht schien er nicht weggekommen zu sein. Denn bald stellte es sich heraus, dass der Kater sprechen konnte.

„Lass mir ein Paar hohe Stiefel machen und gib mir einen Sack, dann will ich für dein Glück sorgen!", rief der Kater. Sein Besitzer tat ihm den Gefallen, denn er hatte nichts zu verlieren. Und flugs machte sich der Kater auf den Weg.

Unterwegs besorgte er sich Getreidekörner. Damit wollte er ein paar Rebhühner in seinen Sack locken. Er wusste nämlich, dass der König ein Feinschmecker war. Und siehe da, der Plan gelang! Schnell rannte der gerissene Kater mit seiner Beute zum Schloss des Königs.

„Majestät!", säuselte er und verbeugte sich galant. „Majestät, diese Rebhühner schickt Euch mein Herr, der Graf von Carabas." Der König war entzückt über das köstliche Geschenk und ließ dem Kater als Dank einige Goldstücke in den Sack füllen.

Ein paar Tage darauf fuhr der König mit seiner hübschen Tochter in einer Kutsche durch die Gegend. Plötzlich lief der Kater herbei. „Zu Hilfe! Zu Hilfe!", jammerte er laut. „Meinem Herrn, dem Grafen von Carabas, hat man beim Baden im See die Kleider gestohlen."

Der König dachte an das köstliche Wildbret, das er verspeist hatte. Sofort schickte er einen Diener los und ließ ihn prächtige Kleider vom nahen Schloss holen. Der Graf konnte doch nicht nackt durch die Gegend spazieren! Undenkbar! Neu eingekleidet durfte der Graf, der ja in Wirklichkeit der jüngste Müllerssohn war, sogar in der Kutsche neben der Prinzessin Platz nehmen.

Der schlaue Kater eilte inzwischen voraus. Er kam an einer großen Wiese vorbei, an einem stattlichen Kornfeld und an einem prächtigen Eichenwald. Alles gehörte dem bösen Zauberer Malefisto. „Wenn die königliche Kutsche kommt, sagt, dass dies alles dem Grafen von Carabas gehört!", befahl er den Leuten, die er traf. „Sonst ergeht es euch schlecht!"

Als die Kutsche vorbeifuhr, riefen die Leute tatsächlich: „Unser Herr, der Graf von Carabas, er lebe hoch, hoch, hoch!" Da staunte der König nicht schlecht. Auch die Prinzessin fand immer mehr Gefallen an ihrem Gast.

Indessen hatte der gestiefelte Kater das Schloss des Zauberers erreicht. „Ich habe viel Ruhmreiches gehört über Eure Zauberkunst, großer Meister", schmeichelte er listig, „aber kein Zauberer auf der Welt kann sich selbst in eine Maus verwandeln." „Willst du mich beleidigen, du elender Wicht?", brüllte der große Malefisto und fuchtelte mit seinem Zauberstab. „Sieh nur her!"

Doch kaum hatte er sich in eine Maus verzaubert, sprang der Kater hinzu und fraß sie auf. Jetzt war das Spiel gewonnen. Der Kater eilte der Kutsche entgegen und lud den König mit seiner Tochter in das Schloss ein.

Der Müllerssohn hatte jetzt ein Schloss, prächtige Ländereien und bekam zudem noch die Prinzessin zur Frau. So hatte der Kater doch noch für ein reiches Erbe gesorgt. „Man muss sich nur zu helfen wissen", lachte der Kater.

Wer kennt …
… dieses Märchen?

Es waren einmal …

ein Kaiser,

ein Minister,

ein Schloss,

feine Seide,

einige Goldstücke,

zwei Gesellen,

ein Webstuhl,

dumme Gesichter,

ein staunendes Volk

und ein kleiner Junge.

Das Märchen heißt …

Des Kaisers neue Kleider

Vor langer Zeit lebte einmal ein Kaiser, der immer nur daran dachte, neue Kleider zu besitzen. Und es sollten die schönsten und prächtigsten sein, die sein Hofschneider anfertigen musste.

Eines Tages kamen zwei fremde Gesellen in die Gegend. Sie gaben sich als Weber aus und behaupteten, die feinsten und kostbarsten Stoffe weben zu können, wie sie noch keiner gesehen habe. Der Kaiser war entzückt, als er davon hörte, und ließ die beiden Gesellen zu sich kommen.

„Erhabene Majestät!", säuselten diese und verbeugten sich galant. „Wir sind geehrt, für Euch herrliche und ganz besondere Kleider anfertigen zu dürfen. Sie haben die wundersame Eigenschaft, für jeden unsichtbar zu sein, der dumm ist und für sein Amt nicht taugt."

Der Kaiser freute sich riesig über diese verlockende Aussicht und gab den beiden Gesellen gleich ein paar Goldstücke als Vorschuss. Die vermeintlichen Weber ließen einen Webstuhl aufstellen. Dann taten sie so, als ob sie mit größtem Eifer arbeiteten. Immer wieder verlangten sie Spulen mit feinster Seide, dazu weitere Goldstücke als Lohn.

Mit der Zeit platzte der Kaiser fast vor Neugier. Aber er traute sich nicht, als Erster die zauberhaften Stoffe zu besichtigen. Deshalb schickte er seinen obersten

Minister zu den Webern. Dieser staunte nicht schlecht, als er den leeren Webstuhl sah.

„Sollte ich wirklich dumm und untauglich sein?“, fragte er sich insgeheim. Laut lobte er aber die wunderbare Arbeit der beiden Gauner. Dem Kaiser berichtete er natürlich von den prächtigen Stoffen, denn er befürchtete sonst seine Entlassung. Überall im Schloss verbreitete sich die Kunde, und das Staunen wollte kein Ende nehmen.

Auch eine Hofdame hielt es vor Neugier nicht mehr aus und ließ sich die gewebten Stoffe zeigen. Wie entsetzt war sie, als sie ebenfalls nichts sah. Sie musste sich für dumm und untauglich halten. Aber sie ließ sich nichts anmerken.

Nun wollte der Kaiser selbst sehen, was die beiden Künstler geschaffen hatten. „Was ist das?“, rief er erschrocken aus, als er den leeren Webstuhl erblickte. Doch dann besann er sich. Niemand sollte merken, dass er für sein Amt nicht taugte. Deshalb breitete er die Arme aus und pries laut und überschwänglich die Arbeit der beiden Weber.

„Oh, wie hübsch! Oh, wie wunderhübsch!“, rief er immer wieder aus und schenkte den Halunken noch mehr Goldstücke. „Das ganze Volk wird staunen, wenn es Euch in den neuen Kleidern sieht“, sagten die beiden

Gesellen und lachten sich ins Fäustchen. Insgeheim dachten sie daran, sich rechtzeitig aus dem Staub zu machen. Der große Tag kam. Der Kaiser zog sich bis auf die Unterhose aus und ließ sich von den beiden Webern die neuen Kleider anziehen. Dann setzte er sich in die kaiserliche Kutsche und zeigte sich dem staunenden Volk.

Niemand in der Menge getraute sich zuzugeben, was er in Wirklichkeit sah. Es wollte ja keiner als dumm und untauglich gelten. „Es lebe der Kaiser!“, war zu hören. „Was für prächtige Kleider er trägt!“, erschallte es.

„Er hat ja gar nichts an!“, rief plötzlich ein kleiner Junge. Zunächst sahen sich alle erschrocken an. Doch dann brach ein schallendes Gelächter los. „Nur nichts anmerken lassen!“, sagte der Kaiser zu sich und kehrte eilends ins Schloss zurück. Von neuen Kleidern hatte er für lange Zeit die Nase voll!

Wer kennt …
… dieses Märchen?

Es waren einmal …

ein König,

eine Königin,

eine Prinzessin,

ein Schloss,

ein großes Fest,

die Feen des Landes,

ein böser Wunsch,

ein alter Turm,

eine Spindel

und eine Dornenhecke.

Das Märchen heißt …

Dornröschen

In einem Schloss inmitten des großen Märchenwaldes lebten einst ein König und eine Königin, die sich so sehr ein Kind wünschten. Nach einiger Zeit brachte sie ein wunderschönes Mädchen auf die Welt. Bald darauf wurde auf dem königlichen Schloss ein großes Fest gefeiert.

Der König hatte auch die Feen des Landes eingeladen. Doch was für ein Unglück! Eine hatte er dabei vergessen. Die Feen schenkten der kleinen Prinzessin ihre Gaben: Schönheit, Klugheit, Anmut und noch viele andere guten Wünsche fürs Leben.

Plötzlich platzte die Fee, die nicht eingeladen war, in den Saal herein. „Die Prinzessin soll sich am fünfzehnten Geburtstag an einer Spindel stechen und tot umfallen!", schrie sie wütend. Dann rauschte sie davon.

Alle waren entsetzt. Zum Glück hatte eine der Feen noch einen Wunsch frei. „Den bösen Zauber kann ich nicht aufheben", sagte sie, „aber ich will ihn wenigstens in einen hundertjährigen Schlaf umwandeln." Vorsorglich ließ der König alle Spindeln im ganzen Land verbrennen.

Die Prinzessin wuchs heran. Alle guten Wünsche der Feen hatten sich erfüllt. Doch an ihrem fünfzehnten Geburtstag sollte das Unglück geschehen. In einem alten Turm traf sie eine alte Frau, die am Spinnrad saß. So etwas hatte sie noch nie gesehen. „Darf ich das auch mal versuchen?", fragte die ahnungslose Prinzessin. „Nur zu, schönes Kind!", kicherte die Alte, die niemand anderer war als die böse Fee. Kaum hatte die Prinzessin die Spindel berührt, stach sie sich in den Finger und fiel in einen tiefen Schlaf.

Im selben Augenblick fielen auch der König und die Königin und mit ihnen der ganze Hofstaat in einen hundertjährigen Schlaf.

Rings um die Mauern des Schlosses wuchs eine Dornenhecke, die von Jahr zu Jahr höher und dichter wurde. Viele mutige Männer kamen und versuchten durch die Hecke zu kommen. Vergebens!

Als nun hundert Jahre vorüber waren, kam ein junger Königssohn aus einem fernen Land in die Gegend. Er hörte von dem Schloss mit dem schlafenden Hofstaat und der wunderschönen Prinzessin. Sein Entschluss stand fest. Er musste sie unbedingt finden! Mutig näherte er sich der Dornenhecke und zog sein Schwert.

„Was ist denn das?", rief er erstaunt. Die Hecke öffnete sich wie von Zauberhand und ließ ihn unversehrt durch. So gelangte er ins Schloss und fand alles schlafend, sogar die Fliegen an der Wand. Er lief durch alle Räume. Überall das gleiche Bild: Es war, als hielten alle gerade ihr Mittagsschläfchen.

Zuletzt gelangte er in den alten Turm. In einem Zimmer ganz oben fand er ein schlafendes Mädchen.

„Das muss die Prinzessin sein!“, rief er. Sie sah so wunderschön aus! Er lief zu ihr hin und küsste sie. Auf einmal schlug die Prinzessin die Augen auf. Als sie ihren Retter erblickte, empfand sie eine große Zuneigung.

Und plötzlich wachten auch der König und die Königin auf und mit ihnen der ganze Hofstaat. Die Prinzessin, die fortan überall Dornröschen genannt wurde, und der junge Königssohn hatten sich sehr lieb.

So wurde bald Hochzeit gefeiert. Wieder gab es ein rauschendes Fest im Schloss. Aber dieses Mal achtete der König genau darauf, dass niemand bei der Einladung vergessen wurde!

Wer kennt …
… dieses Märchen?

Es waren einmal …

ein Marmeladenbrot,

ein Gürtel,

ein überlisteter Riese,

ein königlicher Palast,

ein König und seine Tochter,

zwei Riesen,

ein Einhorn,

ein Wildschwein,

die versprochene Belohnung

und eine ungewöhnliche Nacht.

Das Märchen heißt …

Das tapfere Schneiderlein

In seiner Nähstube saß ein Schneiderlein und wollte sich gerade ein leckeres Marmeladenbrot gönnen. Der süße Duft lockte einige Fliegen an. „Weg da, lästiges Viehzeug!", rief das Schneiderlein und schlug mit einem Lappen nach ihnen. Er hatte gut gezielt. Sieben tote Fliegen lagen auf dem Tisch.

„Ei, was bin ich für ein tapferer Kerl!", lachte das Schneiderlein. „Das muss die ganze Welt erfahren!" Rasch schnitt er sich einen Gürtel zurecht und stickte mit großen Buchstaben darauf: „Sieben auf einen Streich!" Er zog ihn an, steckte noch einen alten Käse in die Tasche und wanderte los.

Auf einem Berg traf er einen Riesen. Der glaubte natürlich, der Winzling hätte sieben Menschen erschlagen und wollte sich mit ihm messen. Mit seinen gewaltigen Pratzen drückte er einen Stein so fest zusammen, bis Wasser heraustropfte. „Wenn's weiter nichts ist!", rief das Schneiderlein und tat, als hebe er einen Stein auf. In Wirklichkeit drückte er aber seinen Käse so fest zusammen, dass der Saft herauslief.

Verwundert rieb sich der Riese die Augen. „Sollte das Bürschchen tatsächlich so stark sein?", fragte er sich. Dann warf er einen Felsbrocken hoch in die Luft und schleppte eine gewaltige Eiche aus dem Wald. Doch der Schneider ließ sich nicht bezwingen. Mit List ersann er jedes Mal eine schlauere Lösung.

Am Abend lud ihn der Riese in seine Höhle ein. Er wies ihm ein Bett zu und wünschte eine gute Nacht. In Wahrheit hatte er aber vor, den Winzling mit einem Eisenstab zu erschlagen. Das ahnte das Schneiderlein und verkroch sich in eine Ecke. So schlug der Riese ins leere Bett, ohne es zu merken.

Munter zog das Schneiderlein am anderen Morgen weiter und gelangte bald vor den königlichen Palast. Da er müde war, legte er sich an einen Brunnen und schlief ein. Neugierig kamen ein paar Leute herbei und lasen die Aufschrift auf dem Gürtel. „Was für ein Kriegsheld!", riefen sie aufgeregt. „Das muss unser König erfahren!"

Sofort schickte der König einen seiner Hofleute los. So einen tapferen Kerl konnte er in seinen Diensten gebrauchen. Mitten im großen Märchenwald hausten nämlich zwei fürchterliche Riesen, vor denen alle große Angst hatten. „Wenn du die besiegst, kriegst du meine Tochter zur Frau und das halbe Königreich dazu!", versprach er.

Das Schneiderlein willigte ein und machte sich auf den Weg. Und siehe da! Unter einem Baum lagen die beiden Riesen und schnarchten, dass die Äste wackelten. Der listige Schneider steckte ein paar Steine in die Tasche und kletterte ins Geäst. Dann bewarf er einen der beiden Kerle mit Steinen.

„Was soll das!“, schrie dieser und wollte sich auf seinen Kumpan stürzen. Aber der schlief. So legte er sich wieder hin. Jetzt warf das Schneiderlein dem anderen Riesen Steine auf die Brust. Nun rastete dieser aus. Das ging so lange, bis sie beide so in Rage waren, dass sie sich gegenseitig umbrachten.

Nun forderte das tapfere Schneiderlein die versprochene Belohnung. Den König aber reute sein Versprechen und er forderte weitere Mutproben. Ein Einhorn und ein Wildschwein trieben im Wald ihr Unwesen. Mit List und Schläue gelang es dem Schneiderlein, beide zu fangen.

Jetzt nutzten dem König keine Ausreden mehr. Wohl oder übel musste er sein Versprechen einlösen. Und so wurde bald Hochzeit gefeiert. Aus dem Schneiderlein war ein König geworden. Eines Nachts aber hörte seine junge Frau, wie er im Schlaf sprach. Da merkte sie, dass ihr Gemahl in Wirklichkeit ein Schneider war.

Doch als ihn des Königs Soldaten im Schlaf überwältigen und außer Landes schaffen wollten, war das Schneiderlein gewarnt worden. Er tat so, als würde er im Schlaf sprechen, und rief laut: „Sieben auf einen Streich habe ich erschlagen! Was soll ich mich vor denen fürchten, die mich fangen wollen?“ Da flüchteten die Soldaten. Von da an hatte er Ruhe und blieb König sein Leben lang!

Wer kennt …
… dieses Märchen?

Es waren einmal …

eine Witwe,

zwei Töchter,

eine Spule,

ein Brunnen,

ein Backofen,

ein Apfelbaum,

eine alte Frau,

Betten zum Schütteln,

eine Goldmarie

und eine Pechmarie.

Das Märchen heißt ...

Frau Holle

In einem Häuschen im großen Märchenwald lebte eine Witwe mit ihren beiden Töchtern. Eine davon war sehr fleißig und musste die ganze Hausarbeit machen. Die andere aber war faul. Doch die Mutter hatte sie viel lieber, weil sie ihre leibliche Tochter war.

Eines Tages musste die Stieftochter so lange spinnen, bis ihre Finger bluteten. Auch die Spule des Spinnrads war ganz verschmiert. Sie wollte sie abwaschen. Dabei fiel die Spule in den Brunnen. Die Stiefmutter war außer sich vor Wut. „Hol sie sofort wieder rauf, du ungeschicktes Ding!", schalt sie.

In seiner Not sprang das Mädchen in den Brunnen. Dabei verlor es die Besinnung. Als es wieder zu sich kam, lag es auf einer wunderschönen Blumenwiese. Neugierig machte sich das Kind auf den Weg und kam zu einem Backofen. „Hol uns hier raus, sonst verbrennen wir!", riefen die Brote. Rasch griff das Mädchen nach dem Brotschieber und holte die Brote heraus.

Als es weiterlief, hörte es einen Apfelbaum rufen: „Ach, rüttle mich und schüttle mich, die Äpfel sind reif und so schwer!" Das Mädchen tat ihm den Gefallen. Bald darauf kam es an ein Häuschen. Eine alte Frau schaute aus dem Fenster. Es war Frau Holle. Sie winkte das Kind zu sich heran.

„Bleib bei mir und hilf mir bei der Hausarbeit!“, sagte sie freundlich. „Vor allen Dingen musst du die Betten eifrig schütteln, damit es auf der Welt schneit“, mahnte sie. Das Mädchen hatte ein gutes Herz und willigte ein.

Das Kind war sehr fleißig, verrichtete, ohne zu murren, die Hausarbeit und schüttelte die Betten. Auf der Erde schneite es und die Kinder hatten ihre helle Freude. Frau Holle war sehr zufrieden und ließ es dem Mädchen an nichts fehlen. Jeden Tag gab es leckere Speisen.

Doch eines Tages wurde das Heimweh immer größer. Frau Holle sah, dass das liebe Kind immer trauriger wurde, und fragte nach dem Grund. Da weinte das Mädchen und sagte: „Hier geht es mir so gut wie noch nie in meinem Leben, aber ich möchte wieder nach Hause.“

Frau Holle hatte Verständnis und ließ das Mädchen ziehen. Sie gab ihm die Spule zurück, führte es zu einem Tor und sagte: „Weil du mir so treu gedient hast, will ich dich reichlich belohnen.“ Das Tor ging auf und als das Kind genau darunter stand, wurde es ganz mit Gold bedeckt.

Und siehe da, plötzlich stand das Mädchen vor dem Haus der Mutter. Am Brunnen saß der Hahn und schrie:

„Kikeriki! Kikeriki!
Unsere Goldmarie ist wieder hie!“

Die Mutter war über den großen Reichtum ihrer Stieftochter erfreut. Jetzt wollte sie ihrer leiblichen Tochter dasselbe Glück gönnen. Das faule Ding musste sich daher ans Spinnrad setzen. Ungeschickt stach sich das Mädchen in den Finger, warf die Spule in den Brunnen und sprang hinterher.

Doch es kam alles anders als erwartet. Das faule Kind dachte nicht daran, die Brote aus dem Backofen zu holen. Auch die Äpfel ließ es am Baum hängen. Und arbeiten hatte es nie gelernt. Es schüttelte auch keine Betten, so dass Frau Holle recht unzufrieden war. Und so kam, was kommen musste. Unter dem Tor fiel statt des erhofften Goldes nur schwarzes Pech auf das faule Mädchen.

Und als es am Haus der Mutter ankam, rief der Hahn vom Brunnen her:

„Kikeriki! Kikeriki!
Unsere Pechmarie ist wieder hie!“

Wer kennt …
… dieses Märchen?

Es waren einmal …

arme Eltern,

zwei Kinder,

ein dunkler Wald,

weiße Kieselsteine,

ein Stückchen Brot,

ein Häuschen im Wald,

eine Hexe,

ein Stall,

ein Hölzchen

und ein Backofen.

Das Märchen heißt …

Hänsel und Gretel

In einer Hütte am Rand des großen Märchenwaldes lebte ein armer Holzfäller mit seiner Frau. Sie hatten zwei Kinder: Hänsel und Gretel. Als die Not groß war, suchten die Eltern überall nach Nahrung. Doch es war nichts mehr zu finden.

„Wir müssen die Kinder im Wald aussetzen, sonst verhungern wir alle", sagte die Frau zu ihrem Mann. Dieser war zunächst nicht einverstanden, denn er liebte seine Kinder. Aber er wusste keinen anderen Rat und willigte schließlich schweren Herzens ein.

Hänsel und Gretel konnten vor Hunger nicht einschlafen. Sie hatten deshalb alles mitangehört. Gretel weinte bittere Tränen. „Weine nicht!", versuchte Hänsel sie zu trösten. „Bis morgen früh wird mir bestimmt noch etwas einfallen."

Am nächsten Morgen machte sich die ganze Familie auf den Weg. Hänsel hatte heimlich einige weiße Kieselsteine eingesteckt. Die streute er ab und zu auf den Waldboden. „Damit wir wieder heimfinden", flüsterte er Gretel zu.

Als der Abend kam und es im Wald immer dunkler wurde, machte der Vater Feuer. „Wartet hier auf uns!", sagte er. „Wir wollen inzwischen etwas Essbares suchen." Da die Kinder sehr müde waren, schliefen sie am warmen Feuer bald ein.

Mit der Zeit gingen die Flammen aus und es wurde kalt. Hänsel und Gretel wachten auf. Von ihren Eltern war nichts zu sehen. Doch mit Hilfe der Kieselsteine, die Hänsel auf den Weg gestreut hatte, fanden die Kinder wieder heim.

Die Not war aber weiterhin recht groß und so kam es, dass sich die Eltern mit den Kindern erneut auf den Weg in den Wald machten. Heimlich hatte der Vater Hänsel das letzte Stück Brot zugesteckt, das sie hatten. Davon streute der Junge immer wieder ein Bröckchen auf den Boden. Doch welch ein Schreck! Als sie dieses Mal den Weg suchten, waren keine Brotstücke zu finden. Die Vögel des Waldes hatten alle aufgepickt.

So gelangten sie immer tiefer in den Wald hinein und standen plötzlich vor einem Häuschen. Dieses war mit lauter Back- und Naschwerk verkleidet. Und da die Kinder großen Hunger hatten, griffen sie tüchtig zu.

Plötzlich rief eine Stimme:
„Knusper, knusper, Knäuschen,
wer knuspert an meinem Häuschen?“

Die Kinder erschraken zuerst. Dann aber fiel ihnen eine lustige Antwort ein und sie riefen:
„Der Wind, der Wind,
das himmlische Kind!“

Plötzlich erschien eine böse Hexe in der Tür. Sie sperrte Hänsel in einen Stall. Gretel aber musste die Hausarbeit verrichten. Jeden Morgen lief die Hexe zum Stall und krächzte: „Streck dein Fingerchen heraus!“ Sie wollte sehen, ob der Knabe zugenommen habe. Doch Hänsel durchschaute ihren Plan und streckte ein dünnes Hölzchen heraus.

Eines Tages musste Gretel den Backofen anfeuern. Heute sollte ihr Bruder gebraten werden. Doch das Mädchen stellte sich absichtlich ungeschickt an. Die Hexe war wütend und wollte Gretel zeigen, wie sie den Ofen bedienen musste.

Und als sie sich dabei weit in den Ofen hineingebeugt hatte, gab ihr Gretel einen Schubs und die Hexe landete im Feuer. Die Kinder waren frei und konnten nach Hause. Und mit den Edelsteinen, die sie im Haus der Hexe fanden, hatte auch die Not ein Ende!

Wer kennt …
… dieses Märchen?

Es waren einmal …

eine Mutter,

ein Mädchen,

Kuchen und Wein,

ein dunkler Wald,

ein böser Wolf,

eine Blumenwiese,

ein Häuschen im Wald,

eine Großmutter,

ein Unglück

und ein Jäger.

Das Märchen heißt …

Rotkäppchen

In einem Häuschen am Rand des Märchenwaldes lebten einst eine Mutter und ihre kleine Tochter. Das Mädchen hatte fast immer eine rote Mütze auf. Deshalb nannten es alle Leute in der Gegend Rotkäppchen.

Eines Tages packte die Mutter Kuchen und Wein in ein Körbchen und sagte: „Bring das deiner Oma, damit sie wieder zu Kräften kommt!“ Die Großmutter war nämlich krank geworden. Das Kind kannte den Weg gut, denn es hatte die Oma schon oft besucht. Trotzdem mahnte die Mutter: „Bleib auf dem Weg und pass auf dich auf!“

Der Weg führte durch einen dunklen Wald. Aber Rotkäppchen hatte keine Angst. Sie kannte alle Geräusche, die sie ringsumher hörte. Die Vögel zwitscherten, die Blätter säuselten im Wind. Eine Maus huschte übers Moos und verschwand im hohen Farn. Im Geäst eines Baumes turnte ein Eichhörnchen. „Wie herrlich!“, rief das Mädchen und hüpfte munter weiter.

Plötzlich tauchte aus dem Unterholz ein Tier auf, das Rotkäppchen noch nie gesehen hatte. „Meine Güte, hast du mich erschreckt!“, entfuhr es ihr. Das musste der böse Wolf sein, von dem die Mutter oft erzählt hatte. Doch da er recht harmlos aussah, fürchtete sie sich nicht vor ihm.

„Wohin des Weges, schönes Kind?“, säuselte der Wolf. Und arglos erzählte Rotkäppchen von der kranken Oma, wo sie wohnte, und von den guten Sachen im Körbchen. Bald wusste der hinterlistige Bösewicht alles, was ihn interessierte. Sein Plan stand fest. Er musste nur Zeit gewinnen.

Zufällig kamen sie gerade an einer Blumenwiese vorbei. „Du könntest deiner Großmutter noch Blumen bringen“, fiel ihm ein. Rotkäppchen war begeistert und pflückte einen bunten Strauß. Zufrieden trottete der Wolf davon und verschwand lautlos im Unterholz.

Schnurstracks lief er zum Haus der Großmutter und klopfte an die Tür. „Wer ist da?“, hüstelte die alte Frau. Der Wolf verstellte seine Stimme und rief: „Ich bin es, das Rotkäppchen!“ „Komm herein, die Tür ist offen!“, kam die Antwort. Der Wolf schlich ins Zimmer.

„Ei, bist du groß geworden!“, meinte die alte Frau. Ihre Augen waren nicht mehr die besten. Bevor sie aber ihre Brille aufsetzte, war es bereits zu spät. Das gefräßige Tier sperrte sein riesiges Maul auf und verschlang die Großmutter. Dann setzte er sich ihre Nachtmütze auf und legte sich ins Bett.

Inzwischen hatte Rotkäppchen einen wunderschönen Blumenstrauß gepflückt. Voller Freude rannte sie die letzten Meter zu Omas Häuschen im Wald. Den Wolf hatte sie längst vergessen. Sie wunderte sich, dass die Haustür offen stand. „Hallo, Oma, ich komme dich besuchen!“, rief sie und ging hinein.

Als sie aber an Omas Bett kam, erschrak Rotkäppchen gewaltig. „Warum hast du so große Augen? Und warum hast du so große Ohren? Und warum hast du so große Zähne?“, rief sie ängstlich. „Damit ich dich besser fressen kann!“, schrie der Wolf, packte das arme Mädchen und verschlang es. Was für ein Unglück!

Jetzt war er satt, legte sich ins Bett und schnarchte, dass die Wände wackelten. Das hörte der alte Jäger, der gerade vorbeikam. „So laut hat die alte Frau noch nie geschnarcht“, wunderte er sich. Er klopfte und als er keine Antwort bekam, ging er vorsichtig ins Haus hinein.

Was er sah, verlangte schnelles Handeln. Rasch schnitt er dem Wolf den Bauch auf. So konnte er Rotkäppchen und die Großmutter im letzten Augenblick retten. War das eine Freude, als alle wieder gesund und munter vereint waren! Und mit dem Kuchen, dem Wein und den schönen Blumen wurde die Großmutter bald wieder gesund.

Wer kennt …
… dieses Märchen?

Es waren einmal …

ein armer Müller,

eine schöne Tochter,

ein König,

ein Schloss,

ein Spinnrad,

ein Haufen Stroh,

ein Männlein,

ein Haufen Gold,

ein Versprechen

und ein Feuer im Wald.

Das Märchen heißt …

Rumpel-
stilzchen

Nicht weit vom großen Märchenwald stand eine Mühle. Dort lebte ein Müller. Er war arm, hatte aber eine schöne Tochter. Eines Tages ritt der König vorbei und kam mit dem Müller ins Gespräch. Dieser wollte sich hohes Ansehen verschaffen und schwärmte von der Schönheit und dem Fleiß seiner Tochter.

„Und denkt nur, Majestät!", prahlte er schließlich. „Sie kann sogar aus Stroh Gold spinnen." Der König glaubte zu träumen und dachte an seine leere Schatzkammer. „Davon will ich mich gern überzeugen lassen", meinte er und befahl dem Müller, seine Tochter unverzüglich ins Schloss zu schicken.

Als nun die Müllerstochter ahnungslos zum König kam, führte er sie in eine Kammer. Diese war mit Stroh gefüllt. „Nun setz dich ans Spinnrad!", befahl er. „Wenn du das Stroh bis morgen früh nicht zu Gold gesponnen hast, musst du sterben!" Dann ging er hinaus und schloss die Kammer ab.

Da saß die arme Müllerstochter also und wusste sich nicht zu helfen. Wie sollte sie denn aus dem Stroh Gold spinnen! Das konnte doch niemand auf der ganzen Welt! Die Zeit verging und das Mädchen wurde immer verzweifelter. In ihrer Not fing sie zu weinen an.

Plötzlich stand ein seltsames Männlein vor ihr. „Warum weinst du denn, schöne Müllerstochter?", fragte es.

Da klagte die Müllerstochter ihr Leid. „Was gibst du mir, wenn ich es schaffe?", sagte das Männlein. Das Mädchen gab ihm das Halsband, das sie trug. Und sogleich machte sich das Männlein an die Arbeit.

Wie staunte der König, als er am nächsten Morgen die Kammer öffnete. Er glaubte seinen Augen nicht zu trauen. Alles Stroh war zu Gold versponnen. Sofort ließ er alle Spulen von Gold in seine Schatzkammer bringen. Jetzt war er reich. Aber der neue Reichtum weckte seine Geldgier.

Sofort ließ er eine größere Kammer mit Stroh füllen. „Wenn dir dein Leben lieb ist, spinne es bis morgen zu Gold!", sagte er kalt und sperrte die Müllerstochter ein. Wieder saß sie da und wusste keinen Rat. Und wieder flossen die Tränen, bis auf einmal das Männlein vor ihr stand.

„Wie ich sehe, brauchst du wieder meine Hilfe!", kicherte es. „Was gibst du mir dafür?", wollte es wissen. Das Mädchen streifte den Ring vom Finger und gab ihn dem Männchen. Und wieder fing das Spinnrad zu schnurren an und verwandelte alles Stroh zu Gold.

Der König war außer sich vor Freude, als er die Bescherung sah. Doch seine Gier wurde jetzt noch größer. Rasch ließ er die größte Kammer im Schloss mit Stroh füllen. Und wieder sollte sich die Müllerstochter ans Werk machen. Das Männlein kam, aber sie hatte nichts mehr, was sie ihm geben konnte.

Das Männlein wusste Rat. Es wollte ihr erstes Kind haben. Das Mädchen wusste sich nicht anders zu helfen und willigte schließlich ein. Als der König am anderen Morgen den riesigen Goldvorrat erblickte, war er endlich zufrieden. Und zum Dank nahm er die schöne Müllerstochter zur Frau.

Es war noch kein Jahr vorbei, da kam das erste Kind der jungen Königin auf die Welt. Sie hatte das Männlein inzwischen vergessen. Doch plötzlich stand es da und wollte seinen Lohn haben. In ihrer Verzweiflung bat die Königin um Gnade. „Wenn du meinen Namen errätst, kannst du das Kind behalten", sagte das Männlein.

Alle Namen im Königreich wurden ausfindig gemacht. Aber keiner war der richtige. In der Nacht entdeckte ein Bote im Wald ein Feuer. Ein seltsames Männlein tanzte um es herum und sang: „Ach, wie gut, dass niemand weiß, dass ich Rumpelstilzchen heiß!" Wie froh war die Königin, als sie den Namen erfuhr und ihr Kind behalten durfte!

Wer kennt …
… dieses Märchen?

Es waren einmal …

ein Schloss,

eine böse Königin,

ihre schöne Stieftochter,

ein Zauberspiegel,

ein braver Jäger,

ein Häuschen im Wald,

sieben Zwerge,

ein vergifteter Apfel,

ein gläserner Sarg

und ein Königssohn.

Das Märchen heißt …

Schneewittchen und die sieben Zwerge

In einem Schloss mitten im großen Märchenwald lebte einst eine böse Königin. Sie war sehr eitel und wollte die Schönste im ganzen Land sein. Doch hatte sie eine Stieftochter. Die hieß Schneewittchen und war schöner als sie. Deshalb versuchte sie, das ungeliebte Kind loszuwerden.

Eines Morgens fragte sie ihren Zauberspiegel:
„Spieglein, Spieglein an der Wand,
wer ist die Schönste im ganzen Land?“

Er antwortete:
„Frau Königin, Ihr seid die Schönste hier,
aber Schneewittchen ist tausendmal schöner als ihr!“

Da bekam sie einen Tobsuchtsanfall. Voller Zorn ließ sie ihren Jäger rufen. „Schaff mir das Mädchen vom Hals!“, schrie sie und rang nach Luft. „Bring es in den Wald und töte es!“, keifte sie schließlich und war kaum zu beruhigen. Der Jäger gehorchte. Aber er brachte es nicht übers Herz, das Kind zu töten. Er führte es tief in den Wald hinein und ließ es dort frei.

Schneewittchen irrte lange umher und gelangte endlich an ein Häuschen. Es schien von kleinen Wesen bewohnt zu sein. Sie fand kleine Hocker, Teller, Besteck, Gläser, alles in siebenfacher Ausfertigung. Und nebenan standen sieben kleine Betten. Das Mädchen aß ein wenig, trank einen Schluck und legte sich dann müde hin.

Nicht lange danach kamen die Bewohner von der Arbeit heim. Es waren sieben Zwerge, die tagsüber in den Bergen nach Erz gruben. Sie wunderten sich, dass nicht alles so war, wie sie es verlassen hatten. Und wie groß war ihr Erstaunen, als sie in einem Bettchen das schlafende Mädchen fanden.

Schneewittchen wachte auf und erzählte den Zwergen ihre traurige Geschichte. Die braven Männlein hatten ein gutes Herz und ließen das Mädchen bei sich wohnen. Von jetzt an machte sich die Königstochter im Haus nützlich. Und wenn die Zwerge abends nach Hause kamen, war es richtig gemütlich. Eines Tages wollte die böse Königin mal wieder ihren Spiegel testen. Siegesgewiss fragte sie also:

„Spieglein, Spieglein an der Wand,
wer ist die Schönste im ganzen Land?“

Und der Spiegel antwortete:

„Frau Königin, Ihr seid die Schönste hier!“

Doch dann sagte er weiter:

„Aber Schneewittchen hinter den Bergen
bei den sieben Zwergen
ist noch tausendmal schöner als Ihr!“

Da lief ihr Gesicht vor Zorn rot an. Sie raste vor Wut und sann nach einer Möglichkeit, das Mädchen ein für alle Mal zu beseitigen. Als Krämerin verkleidet kam sie ans Haus der Zwerge und ließ das arglose Mädchen einen Gürtel anprobieren. Dabei zog sie ihn aber so fest zu, dass das Kind keine Luft mehr bekam und wie tot umfiel.

Zum Glück kamen die Zwerge vorzeitig heim. Sie lösten den Gürtel und retteten Schneewittchen. Die böse Königin aber gab nicht auf. Das nächste Mal probierte sie es mit einem giftigen Kamm, schließlich mit einer vergifteten Apfelhälfte. Jetzt schien sie endlich ihre Ruhe zu haben.

Als die Zwerge Schneewittchen dieses Mal fanden, war alle Mühe umsonst. Sie atmete nicht mehr. Schließlich betteten sie das schöne Mädchen in einen gläsernen Sarg und hielten Tag und Nacht Wache.

Eines Tages ritt ein junger Königssohn vorbei. Er wollte den Sarg mit Schneewittchen in sein Schloss mitnehmen. Schweren Herzens willigten die Zwerge ein. Als sie ihn anhoben, stolperte einer der Zwerge. Das Mädchen rutschte zur Seite, spuckte das Apfelstück aus und schlug die Augen auf.

Ein paar Wochen später wurde auf dem Schloss die Hochzeit gefeiert. Die Zwerge waren glücklich. Nur die böse Stiefmutter traf der Schlag, als ihr der Spiegel auf ihre eitle Fragerei die schreckliche Antwort gab:

„Frau Königin, Ihr seid die Schönste hier,
aber die junge Königin ist tausendmal schöner als Ihr!“

Wer kennt …
… dieses Märchen?

Es waren einmal …

ein reicher Mann,

seine hübsche Tochter,

eine böse Stiefmutter,

ihre beiden Töchter,

hilfreiche Tauben,

ein Königsschloss,

ein Königssohn,

ein Hofball,

ein verlorener Schuh

und eine Hochzeit.

Das Märchen heißt …

Aschenputtel

Am Rand des großen Märchenwaldes stand ein großer Gutshof. Dort lebte ein reicher Mann mit seiner lieben Frau und einer hübschen Tochter. Eines Tages wurde die Frau krank und starb.

Jeden Tag lief das Kind zum Grab der Mutter und weinte. Doch als der Winter vorbei war und der Frühling seinen Einzug hielt, heiratete der Vater eine andere Frau. Diese brachte zwei Töchter mit. Die Stiefschwestern waren recht garstig. Sie steckten das Kind in schmutzige Kleider und ließen es die schweren Arbeiten tun.

Und weil es von der Asche immer schmutzig im Gesicht war, nannten es bald alle auf dem Hof das Aschenputtel. Das Mädchen war sehr traurig. Der Vater war fast immer fort und die Stiefmutter hielt nur zu ihren eigenen Töchtern. Aschenputtel hatte bei ihr nichts zu lachen.

Trost fand Aschenputtel nur am Grab der Mutter, wo inzwischen ein Haselstrauch gewachsen war. Und die einzigen Freunde waren die Tauben. Sie halfen ihr, wenn sie die Linsen und Erbsen aus der Asche auflesen musste. Die bösen Stiefschwestern schütteten sie immer absichtlich hinein.

Eines Tages wurde bekannt, dass auf dem Königsschloss ein Hofball stattfinden sollte. Der Königssohn wollte sich bei dem Fest unter den Töchtern des Landes eine Frau aussuchen. War das eine Aufregung! Die Stiefmutter ließ für ihre beiden Töchter die schönsten Kleider nähen.

„Ich möchte auch auf den Ball gehen", sagte Aschenputtel. Die Stiefmutter und ihre Töchter bogen sich vor Lachen. „Guck mal, wie du aussiehst!", kreischten sie. „Barfuß und voller Staub und Schmutz!" Und als Aschenputtels Bitten nicht nachließen, leerten sie drei Schüsseln Linsen und Erbsen in die Asche.

Da saß das arme Mädchen nun und weinte. Es sollte den Inhalt der Schüsseln binnen einer Stunde aus der Asche auflesen. „Wie soll ich das je schaffen?", schluchzte das Kind. Plötzlich klopfte es am Fenster. Eine ganze Taubenschar erschien und wollte helfen. Freudig klatschte Aschenputtel in die Hände und rief:

„Die guten ins Töpfchen,
die schlechten ins Kröpfchen."

Vereint hatten sie es nach einer Stunde tatsächlich geschafft. Doch der versprochene Lohn blieb aus. Aschenputtel durfte nicht mit aufs Schloss. Todtraurig saß sie am Grab der Mutter und in ihrer Verzweiflung rief sie:

„Bäumchen, rüttel dich und schüttel dich,
wirf Gold und Silber über mich!"

Auf einmal stand Aschenputtel in einem wunderschönen Kleid aus Gold und Silber da. Ihre eleganten Schuhe waren mit Seide und Silber ausgestickt. So erschien sie auf dem Ball und zog alle Blicke auf sich. Der Königssohn hatte nur Augen für sie und tanzte den ganzen Abend mit ihr.

Als es Mitternacht schlug, lief Aschenputtel zum Grab der Mutter zurück. Der Königssohn folgte ihr, verlor sie aber aus den Augen. Nur einen Schuh, den das schöne Kind verloren hatte, fand er.

Alle Töchter des Landes mussten nun den Schuh anprobieren. Auch Aschenputtels Stiefschwestern kamen an die Reihe. Jede wollte unbedingt Königin werden. Die eine hackte sich den großen Zeh ab, die andere ein Stück von der Ferse. Doch der Schwindel flog auf, als die Tauben gurrten:

„Rucke di gu, rucke di gu,
Blut ist im Schuh.
Der Schuh ist zu klein,
die rechte Braut sitzt noch daheim.“

Erst als Aschenputtel den Schuh anzog, gurrten die Tauben:

„Rucke di gu, rucke di gu,
kein Blut ist im Schuh.
Der Schuh ist nicht zu klein,
die rechte Braut, die führt er heim.“

Da erkannte der Königssohn seine Tänzerin wieder und feierte mit ihr und dem ganzen Hofstaat eine prächtige Hochzeit.

Wer kennt …
… dieses Märchen?

Es waren einmal …

eine alte Geiß,

sieben Kinder,

ein Bösewicht,

ein Krämer,

ein Bäcker,

ein Müller,

ein Uhrenkasten,

ein Durcheinander,

viele Wackersteine

und ein Brunnen.

Das Märchen heißt …

Der Wolf
und die
sieben Geißlein

Mitten im großen Märchenwald lebte einmal eine alte Geiß mit ihren sieben Kindern. Eines Tages wollte sie in den Wald gehen und Futter holen. „Seid auf der Hut vor dem bösen Wolf!", mahnte sie. „Wenn er hereinkommt, frisst er euch alle mit Haut und Haar!"

Die Mutter hatte Angst um ihre Kinder. Deshalb sagte sie noch: „Der Bösewicht verstellt sich oft. Aber an der rauen Stimme und den schwarzen Pfoten werdet ihr ihn erkennen." Die Geißlein versprachen aufzupassen. Etwas beruhigt machte sich die alte Geiß auf den Weg.

Es dauerte nicht lange, da klopfte es an die Haustür. Eine raue Stimme rief:

„Macht auf, ihr lieben Kinder, eure Mutter ist da
und hat jedem von euch etwas mitgebracht!"

Doch die artigen Geißlein merkten gleich, dass es der Wolf war, und schrien: „Deine Stimme ist rau, du bist der Wolf!"

Da lief der Bösewicht zum Krämer. Er kaufte sich ein großes Stück Kreide und machte damit seine Stimme fein. Schnell rannte er zum Haus der Geißlein und bat um Einlass. Doch er hatte seine Pfote ans Fenster gelegt. Daran erkannten die Kinder, dass es der Wolf war, und machten nicht auf.

Wütend eilte der Bösewicht zum Bäcker und ließ sich

Teig auf die Pfote streichen. Dann besuchte er den Müller und sagte: „Streu mir weißes Mehl darauf!“ Als der Müller Bedenken hatte, wurde der Wolf zornig und fletschte die Zähne. Aus Angst tat der Müller ihm den Gefallen.

Wieder stand der Bösewicht vor der Tür und säuselte:

„Macht auf, ihr lieben Kinder, eure Mutter ist da
und hat jedem von euch etwas mitgebracht!“

Dabei legte er seine weiße Pfote ans Fenster. Jetzt glaubten die Kinder tatsächlich, dass es ihre Mutter wäre. Voller Freude machten sie auf.

Aber, wer hereinstürzte, war der böse Wolf. Voller Panik versuchten die Geißlein zu fliehen. Eines sprang unter den Tisch, das zweite ins Bett, das dritte hinter den Ofen, das vierte in die Küche, das fünfte in den Schrank, das sechste unter die Waschschüssel und das siebte in den Uhrenkasten.

Aber der Bösewicht fand sie fast alle und verschlang sie mit Haut und Haar. Nur das jüngste Geißlein entkam. Es war in den Uhrenkasten geschlüpft. Dort suchte der Wolf nicht. Satt trollte er von dannen und legte sich unter einen Baum.

Bald darauf kam die Geißenmutter nach Hause. Wie erschrak sie, als die Tür offen stand. Und als sie das

Durcheinander in der Wohnung sah, war ihr klar, was passiert war. Traurig suchte sie ihre Kinder, fand aber nur eines, das sich im Uhrenkasten verkrochen hatte.

Wie sie aber den Bösewicht unter dem Baum liegen sah, merkte sie, dass sich in seinem dicken Bauch etwas regte. Beherzt schnappte sie eine Schere und schnitt ihm den Bauch auf. Und siehe da! Sechs Geißlein sprangen munter heraus. Rasch füllten sie Wackersteine hinein und nähten den Bauch zu.

Als der Wolf aufwachte, hatte er großen Durst. Er schleppte sich zum Brunnen. Dabei brummte er:

„Was rumpelt und pumpelt
in meinem Bauch herum?
Ich meinte, es wären sechs Geißlein,
so sind's lauter Wackerstein'.“

Und als er sich bückte und trinken wollte, fiel er in den Brunnen und ertrank. Die alte Geiß seufzte erleichtert und umarmte ihre Kinder.

Wer kennt …
… dieses Märchen?

Es waren einmal …

eine Mühle,

ein Esel,

ein Jagdhund,

eine Katze,

ein Hahn,

ein Wald,

ein Licht,

ein Räuberhaus,

ein fürchterliches Geschrei

und flüchtende Räuber.

Das Märchen heißt ...

Die Bremer Stadtmusikanten

Im großen Märchenwald stand einst eine Mühle. Dort lebte auch ein Esel, der lange Jahre die Mehlsäcke geschleppt hatte. Jetzt war er alt geworden und konnte die schwere Last nicht mehr tragen. Da wollte ihn sein Herr wegschaffen. Der Esel bekam Wind davon und lief fort.

„Ich will mich auf den Weg nach Bremen machen und dort Stadtmusikant werden", beschloss er. Als er eine Weile gegangen war, sah er einen Jagdhund am Weg liegen. „Was japst du so, Packan?", fragte er. „Ach!", seufzte der Hund. „Weil ich alt bin und nicht mehr jagen kann, wollte mich mein Herr totschlagen. Da bin ich abgehauen."

„Komm mit mir nach Bremen!", meinte der Esel. „Dort können wir Musik machen. Ich spiele die Laute und du schlägst die Pauke." Der Hund war einverstanden und lief mit.

Es dauerte nicht lange, da saß eine Katze am Wegrand. Sie machte ein Gesicht wie drei Tage Regenwetter. „Was ist los, alter Bartputzer?", wollte der Esel wissen. „Weil ich alt bin und keine Mäuse mehr fangen kann, wollte mich meine Herrin ersäufen", jammerte die Katze, „da habe ich Reißaus genommen!"

„Komm mit uns nach Bremen und werde Stadtmusikant!", sagte der Esel. „Du verstehst dich doch auf die

Nachtmusik." Der Katze gefiel das und so ging sie mit. Kurze Zeit darauf kamen die Ausreißer an einem Hof vorbei. Auf dem Torbogen saß ein Hahn und schrie aus Leibeskräften.

„Dein Geschrei geht einem durch Mark und Bein", schnaubte der Esel, „was hast du denn?" Da klagte der Hahn sein Leid. Am nächsten Sonntag sollte er im Kochtopf landen. „Ei was, du Rotkopf!", meinte der Esel. „Komm mit nach Bremen! Etwas Besseres als den Tod findest du überall."

Jetzt waren es also schon vier Musikanten, die nach Bremen wollten. Als es dunkel wurde, mussten sie wohl oder übel im Wald übernachten. Der Hahn ging dabei auf Nummer sicher und suchte sich ein Plätzchen oben im Baumwipfel. Bevor er einschlief, sah er in der Ferne ein Licht schimmern.

Rasch machten sich die vier Gesellen auf den Weg. Vielleicht könnten sie doch noch eine bessere Herberge finden? Was sie fanden, verschlug ihnen fast die Sprache. Sie gelangten zu einem Räuberhaus. Durchs Fenster sahen sie einen gedeckten Tisch mit allerlei Leckereien. Sie mussten nur noch einen Weg finden, an die Sachen heranzukommen.

Bald war der Plan fertig. Der Esel stellte sich mit den Vorderbeinen auf den Fenstersims, der Hund sprang auf seinen Rücken, die Katze kletterte auf den Hund und der Hahn flatterte auf den Kopf der Katze. Dann fingen sie mit ihrem Konzert an. Das fürchterliche Geschrei erschreckte die Räuber so, dass sie flohen.

Nun setzten sich die vier Musikanten an den gedeckten Tisch und ließen es sich gutgehen. Als sie satt waren, suchten sie sich einen bequemen Schlafplatz. Der Esel legte sich auf den Mist, der Hund hinter die Tür und die Katze auf den Herd. Der Hahn setzte sich oben auf den Hahnenbalken.

Inzwischen hatten sich die Räuber von dem Schrecken erholt. Einer von ihnen sollte zum Haus schleichen und die Lage erkunden. Dieser fand alles ruhig und wollte im Herd ein Hölzchen anzünden. Plötzlich sprang ihn die Katze an, kratzte und fauchte. Der Räuber erschrak und rannte davon. An der Tür biss ihm der Hund ins Bein. Der Esel gab ihm einen Tritt und der Hahn schrie laut „Kikeriki!“

Als die Räuber von diesem fürchterlichen Spuk hörten, liefen sie auf und davon. Und die vier Stadtmusikanten? Sie hatten eine Bleibe gefunden und ließen es sich auf ihre alten Tage gut gehen.

Wer kennt …
… dieses Märchen?

Es waren einmal …

ein Schneider,

drei Söhne,

eine Ziege,

ein wütender Vater,

die Lehrjahre,

ein Tischlein,

ein Esel,

ein Knüppel,

ein böser Wirt

und ein großes Fest.

Das Märchen heißt ...

Tischlein deck dich

Ein Schneider hatte drei Söhne, aber nur eine einzige Ziege. Diese brauchte gutes Futter, da sie sich von ihrer Milch ernährten. Abwechselnd mussten die drei Söhne sie Tag für Tag auf die Weide führen. Der älteste ließ sie auf der Wiese beim Kirchhof die schönsten Kräuter rupfen. Am Abend fragte er die Ziege, ob sie satt geworden sei. Die Ziege antwortete:

„Ich bin so satt,
ich mag kein Blatt, mäh, mäh!"

Da brachte der Junge sie in ihren Stall zurück. Der Vater streichelte das liebe Tier und fragte die Ziege, ob sie auch wirklich satt sei. Die Ziege antwortete:

„Wovon sollt ich satt sein?
Ich sprang nur über Gräbelein
und fand kein einzig Blättelein, mäh, mäh!"

Wütend jagte der Schneider seinen ältesten Sohn aus dem Haus.

Am nächsten Tag war der zweite Sohn an der Reihe. Er ließ die Ziege neben einer Gartenhecke die besten Kräuter fressen. Auch er fragte die Ziege am Abend, ob sie satt geworden sei. Und wieder antwortete diese:

„Ich bin so satt,
ich mag kein Blatt, mäh, mäh!"

Als sie dann im Stall stand, fragte der Vater wie tags

zuvor, ob sie auch wirklich satt sei. Und wieder antwortete die Ziege:

„Wovon sollt ich satt sein?
Ich sprang nur über Gräbelein
und fand kein einzig Blättelein, mäh, mäh!"

Voller Zorn jagte der Schneider auch den zweiten Sohn aus dem Haus.

Dem jüngsten Sohn erging es nicht besser. Auch er wurde von der Ziege genarrt und vom erbosten Vater aus dem Haus gejagt. Jetzt musste der Schneider sein liebes Tier selbst auf die Weide bringen. Aber welch ein Schreck durchfuhr ihn, als er von der Ziege abends das gleiche Gejammere hören musste wie an den Tagen zuvor! Rasend vor Wut jagte er jetzt das undankbare Tier aus dem Haus.

Inzwischen waren die drei Söhne in die weite Welt hinaus gewandert und hatten dort einen Beruf erlernt. Der älteste war bei einem Schreiner in die Lehre gegangen. Als er ausgelernt hatte, bekam er als Lohn ein Tischlein geschenkt. Wenn er zu dem „Tischlein, deck dich!" sagte, tischte es flugs die köstlichsten Speisen auf.

Der zweite Sohn hatte bei einem Müller sein Handwerk erlernt. Am Ende bekam er für seinen Fleiß einen Esel geschenkt. Den brauchte er nur auf ein Tuch zu stellen und zu rufen „Esel, streck dich!“, dann fielen vorne und hinten Goldtaler heraus. Der jüngste Bruder war bei einem Drechsler gelandet und hatte am Ende der Lehrzeit einen Sack mit einem Knüppel darin bekommen. Er sollte ihm noch gute Dienste erweisen!

Nun trug es sich zu, dass seine zwei älteren Brüder auf ihrem Heimweg im selben Gasthaus vom Wirt hereingelegt wurden. Dieser hatte heimlich in der Nacht Tischlein und Esel ausgetauscht. Als auch der jüngste Bruder dort übernachtete, wollte der üble Gauner ihm den Sack stehlen. Er vermutete nämlich einen Schatz darin.

Doch der junge Mann war ihm rechtzeitig auf die Schliche gekommen und stellte sich schlafend. Kaum kam der Wirt ins Zimmer geschlichen, rief der jüngste Bruder „Knüppel, aus dem Sack!“, und schon tanzte der dicke Prügel derart auf dem Rücken des Diebes herum, dass dieser schreiend davonlief und das vertauschte Tischchen samt Esel zurückgab.

Jetzt wurde im Haus des Vaters ein großes Fest gefeiert. Endlich hatte er seine drei Söhne wieder, die er zu Unrecht fortgejagt hatte! Da sie nun mit dem Zaubertisch und dem Goldesel keine Not mehr hatten, lebten sie froh in den Tag hinein. Und Angst vor Dieben brauchten sie nicht zu haben. Da gab es ja noch den Sack mit dem Knüppel!

Wer kennt …
… dieses Märchen?

Es waren einmal …

ein Fischer,

seine Frau,

ihre Hütte,

das Meer,

der Butt,

eine Königin,

eine Kaiserin,

eine Päpstin,

eine Göttin (?)

und wieder eine Hütte.

Das Märchen heißt …

Vom Fischer und seiner Frau

Vor langer Zeit wohnten einmal ein Fischer und seine Frau in einer armseligen Hütte am Meer. Sie lebten von den Fischen, die der Mann Tag für Tag angelte. Einmal zog er nach langem Kampf einen großen Butt aus dem klaren Wasser. Der sagte zu ihm:

„Ich bitte dich, lass mich am Leben,
ich bin ein verwünschter Prinz!“

Der Fischer erschrak, als der Fisch plötzlich redete, und warf ihn ins Wasser zurück.

Daheim erzählte er seiner Frau von der Begebenheit. Diese zankte mit ihm, weil er sich nichts gewünscht hatte. „Geh hin und wünsche dir ein schönes Häuschen für uns!“, überredete sie ihn.

Schweren Herzens machte sich der Mann auf den Weg. Als er ans Meer kam, war das Wasser ganz grün geworden.

Der Fischer fasste sich ein Herz und rief:

„Manntje, Manntje, Timpe Te,
Buttje, Buttje in der See,
meine Frau, die Ilsebill,
will nicht so, wie ich wohl will.“

Da tauchte der Butt auf und fragte: „Na, was will sie denn?“ Der Mann nannte ihm den Wunsch seiner Frau. „Geh nur hin!“, sagte der Butt. „Sie hat es schon.“

Eilig lief der Fischer nach Hause. Und siehe da! An Stelle der armseligen Hütte stand da ein wunderschönes Häuschen. „So soll es bleiben", meinte der Mann, „hier wollen wir vergnügt leben."

Einige Tage ging alles gut. Doch mit der Zeit wurde die Frau unzufrieden. „Das Häuschen ist doch recht eng", fing sie an zu mäkeln, „geh zum Butt und wünsche uns ein Schloss!"

Alles Wenn und Aber half nichts. Der Fischer musste wohl oder übel gehen. Als er ans Meer kam, war das Wasser violett. Schweren Herzens rief er nach dem Butt und trug den Wunsch seiner Frau vor. Und wieder sagte der Butt nur: „Geh nur hin, sie hat es schon!"

Tatsächlich! Schon von Weitem erblickte der Fischer ein Schloss, das an der Stelle des Häuschens emporragte. „So soll es bleiben", meinte der Mann, „hier wollen wir wohnen und zufrieden sein."

Aber es ging nicht lange gut. Schon nach wenigen Tagen hatte die Frau einen neuen Wunsch. „Ich will eine Königin sein", rief sie und schickte ihren Mann zum Butt. Auch dieser Wunsch ging in Erfüllung. Dann wollte sie Kaiserin werden. Und als sie Kaiserin war, sogar Päpstin. Auch das wurde sie!

Jetzt dachte der Mann, dass seine Frau endlich zufrieden wäre. Doch weit gefehlt! Eines Tages war ihr auch das nicht genug. „Ich will werden wie der liebe Gott", schrie sie und jagte ihren Mann fort.

Als der Fischer ans Meer kam, war das Wasser ganz schwarz. Schweren Herzens rief er wieder in die tobende See hinaus:

„Manntje, Manntje, Timpe Te,
Buttje, Buttje in der See,
meine Frau, die Ilsebill,
will nicht so, wie ich wohl will."

Noch einmal tauchte der Butt auf und fragte: „Na, was will sie denn?" Der Mann äußerte den Wunsch seiner Frau. „Geh nur hin!", sagte der Butt. „Sie sitzt wieder in der Hütte."

Und da saßen sie dann, der Fischer und seine Frau, bis an ihr Lebensende.

Wer kennt …
… dieses Märchen?

Es waren einmal …

ein Bauernhof,

eine Entenmutter,

ihre Entenküken,

ein graues Küken,

die anderen Hoftiere,

die Wildenten,

der Kater und die Henne,

die herrlichen Schwäne,

ein zugefrorener See

und eine große Überraschung.

Das Märchen heißt …

Das hässliche Entlein

Es war im Sommer. Umgeben von fruchtbaren Äckern, saftigen Wiesen und tiefen Seen lag ein alter Bauernhof. Dort saß eine Entenmutter auf ihrem Nest und brütete ihre Eier aus. Endlich war es so weit! Ein Ei nach dem anderen platzte auf. „Piep! Piep!", machte es, wenn ein junges Entlein den Kopf aus der Schale streckte.

Nur im größten Ei bewegte sich noch nichts. „Es ist bestimmt ein Truthahnei, das man dir untergejubelt hat!", sagte eine alte Ente. Doch die Entenmutter ließ sich nicht beirren. Endlich schlüpfte auch das letzte Küken. Es machte zwar „Piep! Piep!", war aber ziemlich groß, dazu grau und hässlich.

„Ich will sehen, ob es schwimmen kann", schnatterte die Entenmutter, als sie mit ihren Küken zum Teich lief. Wie froh war sie, als ihr Sorgenkind ins Wasser platschte und schwamm. „Nein, ein Truthahn ist es nicht!", freute sie sich.

Voller Stolz präsentierte sie anschließend ihre Brut den anderen Hoftieren. Diese waren von dem grauen Entlein alles andere als entzückt. „Pfui, seht nur, wie hässlich es ist!", schrien sie, gingen auf das arme Ding los, zwickten es und schlugen nach ihm. „Lasst es in Ruhe!", rief die Entenmutter. „Es hat euch nichts getan!"

Doch die anderen Hoftiere gaben keine Ruhe. Sie verspotteten das arme Entlein und wollten nichts mit ihm zu tun haben. In seiner Not flog es über den Zaun und lief weit fort, bis es im großen Moor bei den Wildenten landete. Doch da war es auch nicht willkommen.

„Was bist denn du für ein hässlicher Vogel!", schnatterten sie. „Lass es dir ja nicht einfallen, in unsere Familie hineinzuheiraten!" Daran dachte das arme Ding bestimmt nicht. Es wollte nur einen Platz finden, wo es in Ruhe leben konnte.

Am nächsten Morgen waren Jäger in der Gegend. Überall knallte es, und ganze Scharen wilder Gänse flogen aus dem Schilf auf. Das arme Entlein duckte sich und verhielt sich ganz ruhig. Als die Jagd vorbei war, machte es, dass es fortkam. Gegen Abend gelangte es an eine armselige Hütte. Rasch schlüpfte es durch die offene Tür.

Hier hauste eine alte Frau mit ihrem Kater und ihrer Henne. „Was bist denn du für einer?", rief die Frau verwundert. „Kannst du Eier legen?" In der Hoffnung auf leckere Enteneier durfte das arme Entlein einige Tage bleiben. Doch als es keine Eier legte, wurde es mit Schimpf und Schande davongejagt.

Wieder war das arme Ding ganz allein. Es wurde Herbst und es dauerte nicht lange, da wurde es kalt und die ersten Schneeflocken fielen vom Himmel. Plötzlich rauschte es, und mit kräftigem Flügelschlag machten sich ein paar Schwäne auf die Reise in den wärmeren Süden. „Wie schön sie sind!", seufzte das einsame Entlein.

Bald begann der See zuzufrieren. Das hässliche Entlein hatte Mühe, ein Loch zum Schwimmen offen zu halten. Vergeblich! Die Kräfte ließen nach und es fror im Eis fest. Zum Glück fand es ein Bauer. Er nahm es mit nach Hause. In der warmen Stube kam es wieder zu sich.

Als ein neuer Frühling ins Land zog, schwamm das hässliche Entlein hinaus auf den großen See. Da glitten drei Schwäne leicht und majestätisch über das Wasser. „Ich will zu ihnen hinüberschwimmen", seufzte das arme Ding, „sollen sie mich totbeißen, wenn ich so hässlich bin!"

Und traurig neigte es den Kopf gegen den Wasserspiegel. Doch was war das? Im klaren Wasser sah es, dass aus dem hässlichen Entlein ein prächtiger Schwan geworden war! Er war so schön, dass er von allen Tieren am See bewundert wurde. Und als es in diesem Jahr wieder Herbst wurde, zogen auf einmal vier herrliche Schwäne in Richtung Süden.

Wer kennt …
… dieses Märchen?

Es waren einmal …

ein Stoppelfeld,

ein Igel,

seine Frau,

ein Hase,

eine Wette,

ein listiger Plan,

ein langer Acker,

der Wettlauf,

ein Verlierer

und ein Sieger.

Das Märchen heißt ...

Der Wettlauf

zwischen dem

Hasen und dem **Igel**

Es war an einem Sonntag in der Herbstzeit, als ein Igel auf einem Stoppelfeld vor seiner Behausung stand und dem Gesang der Lerche lauschte. Da fiel ihm ein, er könnte doch ein wenig spazieren gehen und nach den Steckrüben schauen. Das Feld lag ganz in der Nähe.

Er war noch nicht lange unterwegs, als er am Schlehenbusch, der vor dem Feld stand, auf einen Hasen traf. Dieser hatte ähnliche Absichten wie der Igel. Er wollte nämlich nach dem Kohl sehen, der auf dem Feld nebenan wuchs und ein paar leckere Mahlzeiten versprach.

Als der Igel dem Hasen begegnete, grüßte er ihn freundlich und wünschte ihm einen schönen Tag. Der Hase aber fühlte sich als vornehmer Herr und erwiderte den Gruß nicht. Er rümpfte nur verächtlich die Nase und meinte etwas näselnd: „Wie kommt es, dass du schon so früh durch die Gegend wackelst?“

Diese hochnäsige Art gefiel dem Igel gar nicht. „Ich wackle nicht durch die Gegend“, erklärte er gereizt, „ich gehe spazieren!“ „Spazieren?“, amüsierte sich der Hase. „Mit deinen krummen Beinen?“ Alles konnte der Igel vertragen. Doch wenn einer Witze über seine Beine machte, konnte er richtig ungemütlich werden.

„Höre!“, zischte er. „Du bildest dir wohl cin, dass du

mit deinen Beinen mehr ausrichten kannst, was?" „Das denke ich wohl", lachte der Hase. Diese selbstherrliche Antwort brachte den Igel noch mehr in Rage. „Dann lass uns einen Wettlauf machen!", rief er keck.

Jetzt brach der Hase erst recht in schallendes Gelächter aus. Dieser krummbeinige Igel wollte mit ihm einen Wettlauf machen! Der hatte doch nie eine Chance gegen ihn! Doch als der Igel ihn weiterhin herausfordernd anblickte, willigte er schließlich ein. Auf einen Sieg mehr oder weniger kam es ihm nicht an.

Als Siegprämie wurden ein Goldtaler und eine Flasche Korn ausgehandelt. Der Hase wollte gleich losrennen, aber der Igel war nicht einverstanden. „Nicht so eilig", bremste er, „ich will erst noch etwas frühstücken. In einer halben Stunde bin ich wieder da."

Auf dem Heimweg legte sich der Igel einen listigen Plan zurecht. „Dieser eitle Lackaffe wird sich wundern", grinste er zufrieden. Daheim erzählte er seiner Frau von der Wette. Diese war alles andere als entzückt. „Ja, bist du von Sinnen?", schimpfte sie. „Wie kannst du dich auf ein Wettrennen mit dem Hasen einlassen!"

Doch der Igel blieb ganz ruhig und erklärte seiner Frau seinen Plan. Als Wettkampfstätte war ein langer Acker vorgesehen. Der Hase sollte in einer Furche laufen, der

Igel in einer anderen. Er selbst wollte mit dem Hasen starten, seine Frau sollte am anderen Ende der Furche warten und dem Hasen entgegenrufen: „Ich bin schon da!“

Und so geschah es. Als der Hase am Acker eintraf, war schon alles vorbereitet. Der Wettlauf konnte beginnen. „Auf die Plätze, fertig, los!“, gab der Hase das Kommando, und ab ging die Post. Der Igel lief drei Schritte mit und blieb dann zurück. Der Hase aber rannte, als wäre eine Meute Hunde hinter ihm her. Doch was war das? Als er im vollen Lauf am Ende der Furche ankam, rief der Igel: „Ich bin schon da!“

Der arme Hase konnte ja nicht wissen, dass die Frau des Igels vor ihm stand. Igel sehen bekanntlich alle gleich aus, oder zumindest fast gleich. So etwas ging über seinen Verstand. „Los! Wir laufen noch einmal!“, japste er und jagte auch schon los. Doch am anderen Ende das gleiche Bild. Wieder wurde er mit einem triumphierenden „Ich bin schon da!“ empfangen.

Der Hase gab nicht auf. Verlieren gab es für ihn nicht! Er rannte, bis er atemlos in der Furche liegen blieb. Der Igel aber nahm seelenruhig die Siegprämie an sich, rief seine Frau von ihrem Platz zurück und wackelte mit ihr zufrieden nach Hause. Seit dem Tag ist es keinem Hasen mehr eingefallen, mit einem Igel um die Wette zu laufen.

Hänsel und Gretel verirrten sich im Wald

Volkslied und Spiel

1. Hänsel und Gretel verirrten sich im Wald,
   es war so finster und auch so bitter kalt.
   Sie kamen an ein Häuschen
   von Pfefferkuchen fein:
   Wer mag der Herr wohl
   von diesem Häuschen sein?

   Alle gehen durcheinander, reiben sich warm,
   strecken dann den Zeigefinger vor
   und schauen sich fragend an.

2. Huhu, da schaut eine alte Hexe raus,
   sie lockt die Kinder ins Pfefferkuchenhaus.
   Sie stellte sich gar freundlich,
   oh Hänsel, welche Not!
   Sie wollt' ihn braten
   im Ofen braun wie Brot.

   Alle halten die flache Hand an die Stirn,
   locken dann mit dem Zeigefinger,
   sehen sich freundlich an und tun dann
   ganz erschrocken.

3. Doch als die Hexe zum Ofen schaut hinein,
ward sie gestoßen von unserm Gretelein.
Die Hexe musste braten,
die Kinder geh'n nach Haus.
Nun ist das Märchen
von Hans und Gretel aus.

Alle beugen sich vor, schauen, schubsen sich gegenseitig und gehen dann vergnügt durch den Raum.

Dornröschen war ein schönes Kind

Volkslied und Spiel

1. Dornröschen war ein schönes Kind,
   schönes Kind, schönes Kind,
   Dornröschen war ein schönes Kind, schönes Kind.

   Um Dornröschen einen Kreis bilden, sich an den Händen fassen und im Kreis gehen.

2. Dornröschen, nimm dich ja in Acht,
   ja in Acht, ja in Acht,
   Dornröschen, nimm dich ja in Acht, ja in Acht!

   Stehen bleiben und mit dem Zeigefinger warnen.

3. Da kam die böse Fee herein,
   Fee herein, Fee herein,
   da kam die böse Fee herein, Fee herein.

   Die böse Fee tritt vor Dornröschen.

4. Dornröschen, schlafe hundert Jahr',
   hundert Jahr', hundert Jahr',
   Dornröschen, schlafe hundert Jahr', hundert Jahr'!

   Die böse Fee singt allein, der Kreis geht in die Hocke, Dornröschen legt sich schlafen.

5. Da wuchs die Hecke riesengroß,
riesengroß, riesengroß,
da wuchs die Hecke riesengroß, riesengroß.

Der Kreis steht auf, geht zu Dornröschen und hält die Arme über sie.

6. Da kam ein junger Königssohn,
Königssohn, Königssohn,
da kam ein junger Königssohn, Königssohn.

Der Königssohn geht durch die Hecke (den Kreis), der Kreis senkt die Arme und tritt zurück.

7. Dornröschen, wache wieder auf,
wieder auf, wieder auf,
Dornröschen, wache wieder auf, wieder auf!

Der Königssohn singt allein und darf dem Dornröschen einen Kuss geben.

8. Da feierten sie das Hochzeitsfest,
Hochzeitsfest, Hochzeitsfest,
da feierten sie das Hochzeitsfest, Hochzeitsfest.

Dornröschen und der Königssohn tanzen miteinander, der Kreis tanzt um sie herum.

9. Da jubelte das ganze Volk,
ganze Volk, ganze Volk,
da jubelte das ganze Volk, ganze Volk.

Alle tanzen und klatschen.

Dort oben auf dem Berge

Fingerspiel

Dort oben auf dem Berge,
da ist der Teufel los.
Da streiten sich fünf Zwerge
um einen großen Kloß.
Der erste will ihn haben,
der zweite lässt ihn los,
der dritte fällt in' Graben,
dem vierten platzt die Hos'.
Der fünfte schnappt den Kloß
und isst ihn auf mit Soß'.

Oben auf des Berges Spitze

Mitmachspiel

Oben auf des Berges Spitze
sitzt ein Zwerg mit seiner Mütze,
wackelt hin und wackelt her,
lacht ganz laut und freut sich sehr.
Reibt sich seine Hände,
klopft auf seinen Bauch
und stampft mit den Füßen,
klatschen kann er auch.
Fasst sich an die Nase
und springt froh herum,
hüpft dann wie ein Hase,
plötzlich fällt er um. Bumm!

Auf einem bi-ba-bunten Berge

Abzählvers

Auf einem bi-ba-bunten Berge
wohnen bi-ba-bunte Zwerge.
Und die bi-ba-bunten Zwerge
haben bi-ba-bunte Kinder.
Und die bi-ba-bunten Kinder
essen jeden Tag ein Ei.
Eins, zwei, drei
und du bist frei!

Wer kennt sich mit Märchen aus?

Märchen-Ratespiel

Des Kaisers neue … *(Kleider)*

Dornröschen war ein schönes … *(Kind)*

Hänsel und Gretel verirrten sich im … *(Wald)*

Sieben auf einen … *(Streich)*

Kikeriki! Kikeriki! Unsere Goldmarie ist wieder … *(hie)*

Ich bin so satt, ich mag kein … *(Blatt)*

Tischlein, deck dich! Esel, streck dich!
Knüppel, aus dem … *(Sack)*

Goldmarie und … *(Pechmarie)*

Das hässliche … *(Entlein)*

Rotkäppchen und der … *(Wolf)*

Schneewittchen und die sieben … *(Zwerge)*

Der Wolf und die sieben … *(Geißlein)*

Spieglein, Spieglein an der Wand, wer ist die Schönste im ganzen … *(Land)*

Der gestiefelte … *(Kater)*

Ach, wie gut, dass niemand weiß, dass ich … *(Rumpelstilzchen heiß)*

Das Märchen vom Fischer und seiner … *(Frau)*

Die guten ins Töpfchen, die schlechten ins … *(Kröpfchen)*

Die Bremer Stadtmusikanten: der Esel, der Hund, die Katze und der … (*Hahn)*

Der Wettlauf zwischen dem Hasen und dem … *(Igel)*

Knusper, knusper, Knäuschen, wer knuspert an meinem … *(Häuschen)*

Der Wind, der Wind, das himmlische … *(Kind)*

Mantje, Mantje, Timpe Te, Buttje, Buttje in der … *(See)*
meine Frau, die Ilsebill, will nicht so, wie ich … *(wohl will)*

Rucke di gu, rucke di gu, Blut ist im .... *(Schuh)*
Der Schuh ist zu klein, die rechte Braut sitzt noch … *(daheim)*

Was rumpelt und pumpelt in meinem Bauch herum?
Ich meinte, es wären sechs Geißlein, so sind's lauter … *(Wackerstein')*

Bäumchen, rüttel dich und schüttel dich, wirf Gold und Silber … *(über mich)*

Frau Königin, Ihr seid die Schönste hier, aber Schneewittchen hinter den Bergen bei den sieben … *(Zwergen)* ist noch tausendmal schöner … *(als Ihr)*